Cognome:
Nome:

SCOPRO LA NATURA

i Cavalli

EDICART
JUNIOR

IN QUESTO LIBRO...

Ti presento il cavallo!

Per migliaia di anni, il cavallo ha fortemente ispirato l'arte e le leggende.

Nella grotta di Lascaux, in Francia, e in quella di Altamira, in Spagna, è rappresentato in pitture rupestri risalenti a 16 000 anni fa!

cavalli di Przewalski

E se fossimo gli antenati di tutti i cavalli domestici?

una mandria di Konik

Il cavallo ha un ruolo importantissimo nell'arte mongola.

Nel Medioevo si distinguevano due tipi di cavallo: il destriero, estremamente potente e rapido, era montato dal cavaliere e veniva addestrato per la guerra e i tornei.
Più leggero e meno imponente, il palafreno era il cavallo da parata e veniva usato dai nobili per la caccia e le cerimonie.

Il cavallo di Alessandro Magno si chiamava Bucefalo.

l'esercito di Alessandro Magno

Vercingetorige getta le armi ai piedi di Cesare. *L. Royer (1888)*

vaso etrusco

una rappresentazione di Pegaso

La processione del cavallo di Troia.
Tiepolo (1710)

Nella mitologia greca, il cavallo alato Pegaso è domato da Bellerofonte con l'aiuto della dea Atena.

Nei Vichinghi, il dio della guerra Odino cavalca Sleipnir, un cavallo con otto zampe.

Creatura metà uomo e metà cavallo, il centauro è un personaggio importante della mitologia greca.

Illustra forse la volontà del cavaliere di essere un tutt'uno con il proprio cavallo!

Il celebre arazzo di Bayeux narra la conquista normanna dell'Inghilterra nel 1066. Vi sono rappresentati 202 cavalli e muli.

Nel mondo si possono ammirare molte statue equestri: questa è un tributo a Giovanna d'Arco.

Bonaparte valica il Gran San Bernardo.
Jacque-Louis David (1800)

Vuoi conoscermi meglio?

Nei cavalli, i muscoli della groppa, del petto e delle cosce sono quelli più potenti.

Molto muscoloso, il cavallo ha anche polmoni e cuore grandi che lo rendono estremamente resistente nella corsa.

LO ZOCCOLO VISTO DA SOTTO

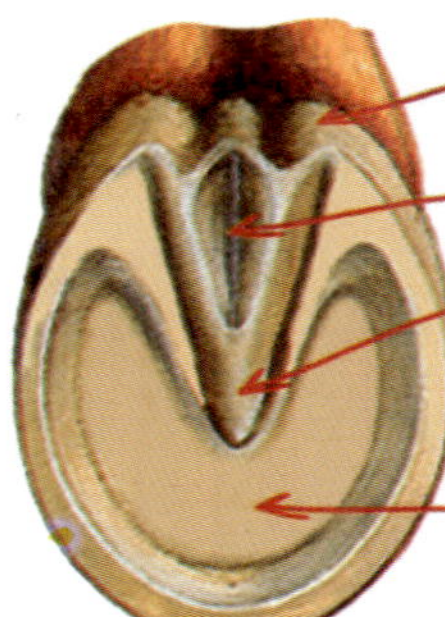

impronta di cavallo

impronta di cavallo ferrato

La respirazione del cavallo avviene unicamente dal naso (e non dalla bocca) e dipende dalla sua andatura. In corsa, quindi, inspira quando allunga le zampe anteriori ed espira quando le quattro zampe si riavvicinano.

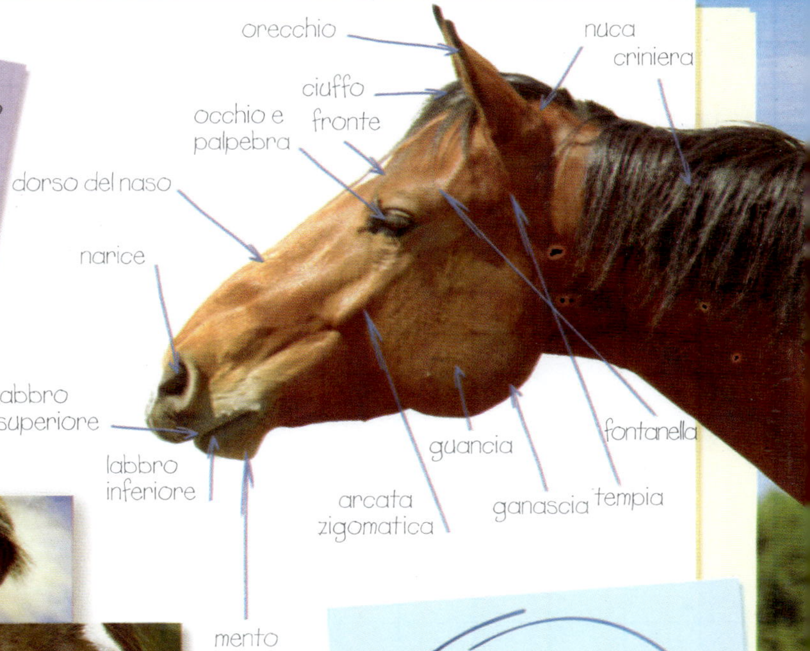

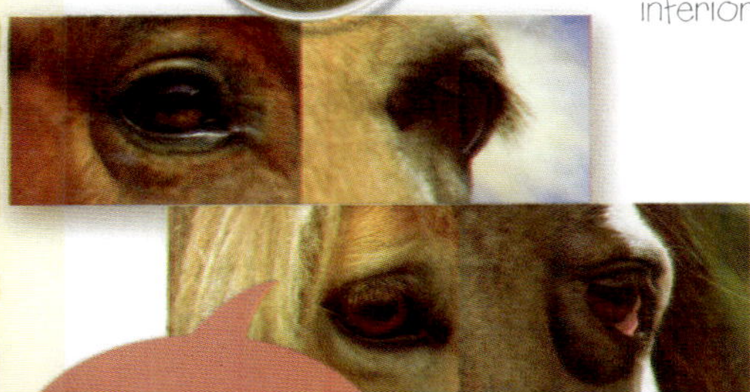

Ho una vista eccellente e un odorato molto sviluppato!

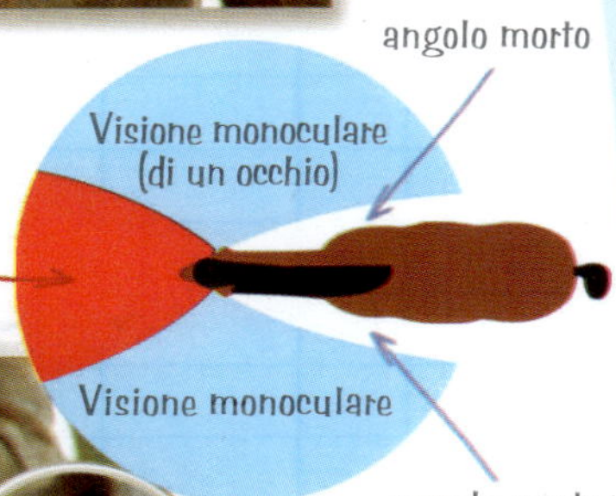

Bisogna fare attenzione agli angoli morti quando ci si avvicina a un cavallo. Il cavaliere più esperto sa che è importante parlargli e tenergli una mano appoggiata sulla groppa quando gli passa da dietro. In questo modo, si accerta che il cavallo lo abbia visto e che sia tranquillo.

paraocchi

I paraocchi limitano il campo visivo del cavallo: lo aiutano nella marcia evitando che ciò che succede ai lati e dietro lo possa spaventare.

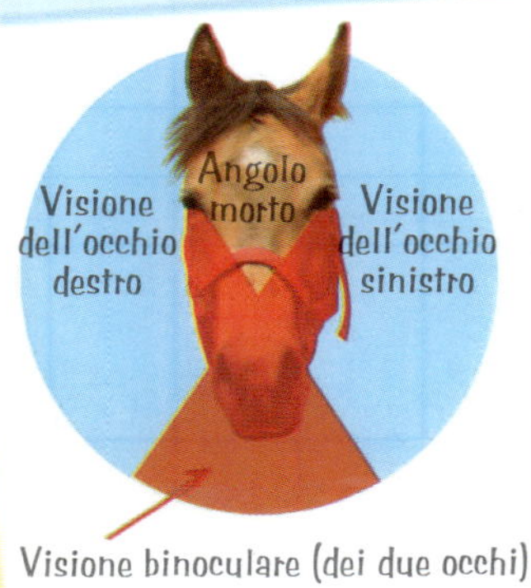

I cavalli sono animali gregari, vivono cioè in gruppi guidati da un capobranco.
Il cavallo dominante ha la fiducia di tutti gli altri cavalli: è lui che li guida, che dà il segnale di fuga e, più raramente, di combattimento.

I cavalli comunicano molto toccandosi: due cavalli che si piacciono non mancheranno di farsi le coccole!

Se vuoi curare bene il tuo cavallo, non dimenticare le carezze e di parlagli dolcemente!

BUONO A SAPERSI!
Piatti, larghi e potenti, i denti dei cavalli possono infliggere gravi ferite!

Quando i cavalli soffiano e annusano rumorosamente, non è quasi mai un buon segno! Non aspettare di vederne i denti per capire che sono di cattivo umore!

I cavalli sbadigliano per i nostri stessi motivi: perché sono stanchi o stressati...

Timorosi di natura, siamo sempre all'erta! Osserva bene la posizione delle nostre orecchie: ti aiuterà a comprenderci.

Sono curioso

Ascolto e sono interessato

Mi fido

Sono minaccioso... attenzione!

Sono sospettoso, anche un po' seccato!

Non dimenticare mai che un calcio può essere mortale!

Un cavallo che si rotola nell'erba è un cavallo felice e che si sente al sicuro.

Non ci sono stagioni per essere felici!

La primavera è una stagione densa di attività per i cavalli allo stato brado perché è il periodo della riproduzione.
Gli stalloni cercano di conquistare una o più giumente e diventano aggressivi.

la monta in una stalla

Quando uno stallone alza la testa, annusa l'aria sollevando il labbro e respira rumorosamente, vuol dire che sta cercando di sentire se ci sono femmine in calore.

Perché i cavalli sollevano le labbra?

Questo comportamento si chiama flehmen: sollevando il labbro superiore, il cavallo "assaggia" l'aria grazie a un organo sensibile posto nella bocca.

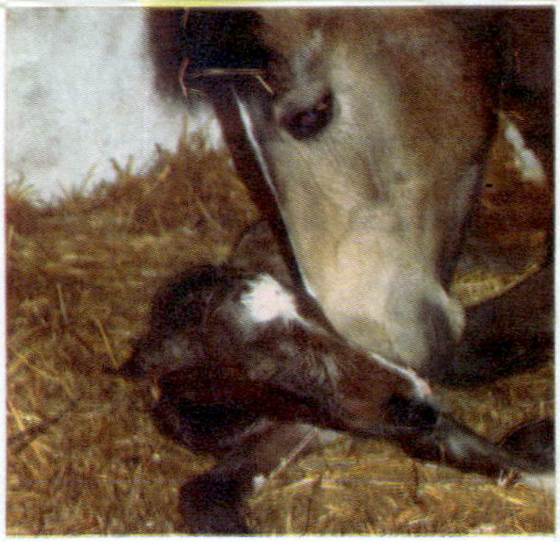

qualche minuto dopo la nascita

Come in tutti i mammiferi, il puledro si sviluppa nel ventre della madre, nel sacco amniotico.

Il periodo della gestazione dura circa 11 mesi. La giumenta mette al mondo un solo piccolo per volta.

Al momento della nascita, il puledro esce in genere dalla testa e dagli arti anteriori.

Alla nascita peso circa 40
E vedo subito chiaramente

Nei rari casi in cui vi siano due embrioni, le probabilità di sopravvivenza sono bassissime.

Il puledro riesce ad alzarsi in piedi già un'ora dopo la nascita.

Non avere paura: puoi stare in piedi da solo! Anch'io ci sono riuscito!

Una volta in piedi, il puledro inizia a succhiare il latte della madre. All'inizio beve il colostro, un liquido ricco di proteine.

Il puledrino riceve così gli anticorpi che gli permettono di combattere le malattie e irrobustirsi.

Dopo, il colostro viene sostituito dal latte. Il puledro prende il latte anche 5 volte in un'ora: nel corso del primo mese, il suo peso infatti arriva a raddoppiare!

Verso i 6 mesi sono svezzato, cioè non prendo più il latte della mamma e mangio l'erba, proprio come i grandi!

Verso i 2 o 5 anni (a seconda della razza), imparo ad accettare la sella e un cavaliere sul dorso. Questa educazione equestre si chiama "scozzonatura".

La parola all'esperto:

Appunti sui cavalli che ho visto, le scene più belle a cui ho assistito, i disegni che ho realizzato osservando i cavalli.

Segni particolari: bellissimo!

Il complesso dei peli che ricoprono il cavallo (peli e crini della criniera e della coda) si chiama manto o mantello: il mantello è "semplice" quando i crini e i peli sono dello stesso colore e "composto" se sono di colori diversi.

Guarda che sfilata di mantelli! Qual è il più bello?

ECCO ALCUNI COLORI DI MANTELLO:

MORELLO

Alcuni cavalli, detti "roani", hanno il mantello di un colore dominante disseminato di peli bianchi. Come l'ubero, per esempio, che è un sauro con peli bianchi.

STORIA O LEGGENDA?
Pare che, durante l'assedio di Granada (1491), la regina Isabella di Castiglia fece il voto di cambiare la camicia solo alla fine delle ostilità. Il colore deriverebbe da quell'indumento non troppo pulito!

Il Palomino è un cavallo dal mantello "dorato" con crini bianchi o avorio. Un tempo, in Spagna, soltanto i nobili avevano diritto a possederne uno!

Il cavallo Pinto (pezzato) era molto apprezzato dagli amerindi perché il suo mantello si camuffava bene nel paesaggio.

Ho sentito qualcuno dire "Siamo a cavallo!", ma in groppa io non avevo nessuno...

Ma dai! È un modo di dire... significa che finalmente ha ottenuto ciò che desiderava dopo tante difficoltà!

La solidità del crine dei cavalli ne fa un materiale prediletto dai liutai. Da oltre cinque secoli il crine viene infatti usato per fabbricare gli archetti. Sarà un giorno sostituito dalle fibre sintetiche? Ai posteri l'ardua sentenza!

Il crine di cavallo, come quello del maiale è usato anche per fabbricare i pennelli.

I cavalli sfoggiano spesso dei segni distintivi, in genere bianchi, sul capo e sugli arti.
Sulla fronte hanno la stella, che può avere forme diverse: rombo, fiore, pera, palla di neve...

Grazie ai segni ci puoi facilmente identificare. Presenti sin dalla nascita, non cambieranno mai per tutta la vita.

La lista è una striscia verticale sul dorso del naso. Può avere forme e larghezze varie: sottile, larga, regolare, deviata...

Sotto i segni composti da peli bianchi, la pelle del cavallo è rosa.

Poiché il mantello schiarisce con l'età, i segni di un cavallo grigio tenderanno ad attenuarsi. Ma la loro posizione sarà sempre individuabile dal colore della pelle.

La parte morbida della pelle attorno alle narici e alle labbra si chiama liscio.

La mia macchia si chiama "bella faccia"...

... la mia è una "bevente in bianco" (come vedi ho le labbra macchiate di bianco)!

I segni bianchi sulle zampe si chiamano balzane.

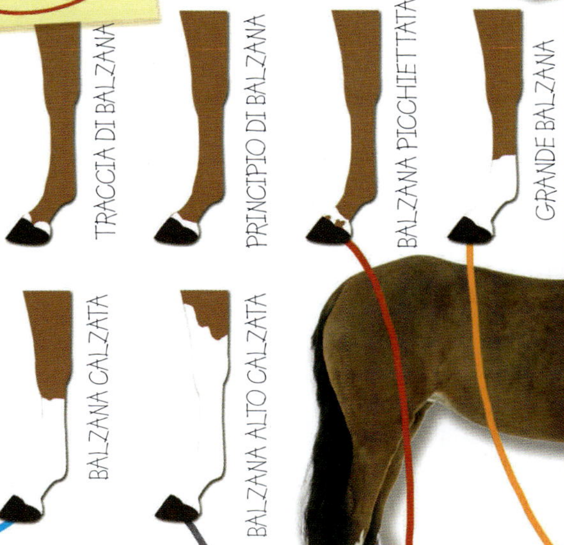

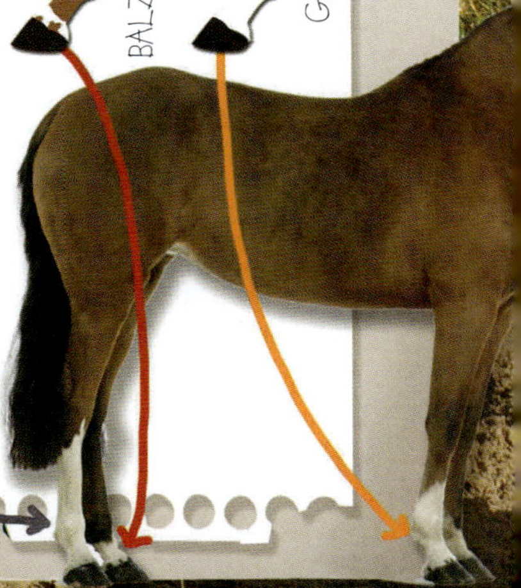

La parola all'esperto:

Appunti sui mantelli, sulle liste e sulle balzane che ho visto, i disegni che ho realizzato osservando i cavalli.

Un amico prezioso come un tesoro!

Gli equidi sono degli erbivori. Allo stato brado, trascorrono più di metà della loro giornata a brucare l'erba. Se vivono in fattoria o in un centro ippico, la loro dieta è completata da fieno, cereali e mangimi contenenti minerali.

Il cavallo deve sempre avere a disposizione acqua fresca e pulita. Un animale adulto arriva a bere più di 30 litri al giorno!

Le carote e le mele sono alimenti di cui i cavalli sono ghiotti. Meglio però dargliene con moderazione.

L'aglio a scaglie facilita invece la respirazione e tiene lontani gli insetti.

Come con le mucche e le capre, è bene lasciare a disposizione dei cavalli un blocco di sale oppure aggiungere il sale nel loro pasto: si reintegrano così le perdite di sodio.

Oltre a cibo sano e all'esercizio quotidiano, i cavalli hanno bisogno di un box salubre e ben curato.

Una lettiera pulita, non chiedo molto!

Sono assolutamente d'accordo!

STRIGLIATURA PERFETTA

Il mantello deve essere spazzolato usando prima la striglia (spazzola a lamelle metalliche) sulle parti carnose. Si prosegue passando il tortoro (una spazzola di gramigna) su tutto il corpo, un fazzoletto in tessuto per lucidare il pelo e infine una spazzola morbida per la testa.

pulizia di uno zoccolo con il nettapiedi

Le mosche sono estremamente irritanti per i cavalli. Una cuffia antimosche è quindi a volte necessaria.

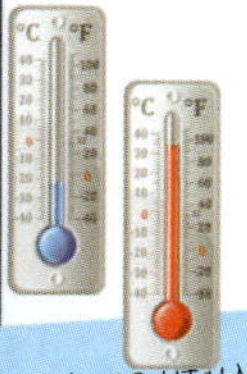

ALTA MODA EQUINA
Le coperte proteggono il cavallo dal freddo invernale. Quelle in pile o spugna, ad asciugarlo dopo uno sforzo durante il quale ha sudato molto.

Gli zoccoli sono composti da cheratina, proprio come le nostre unghie, e necessitano di cure costanti. I ferri impediscono loro di usurarsi e screpolarsi sui terreni duri. Devono essere sostituiti regolarmente dal maniscalco.

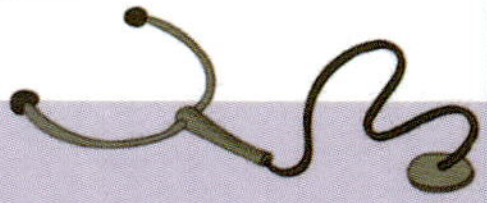

Devo dire trentatré?

una veterinaria ausculta un cavallo

Benché siano animali robusti, i cavalli non sono immuni alle malattie.

Ben vengano veterinari, dentisti e osteopati specializzati pronti a vegliare sulla loro salute!

La parola all'esperto:

Appunti sui cavalli che ho strigliato, nutrito e curato, le scene più belle alle quali ho assistito.

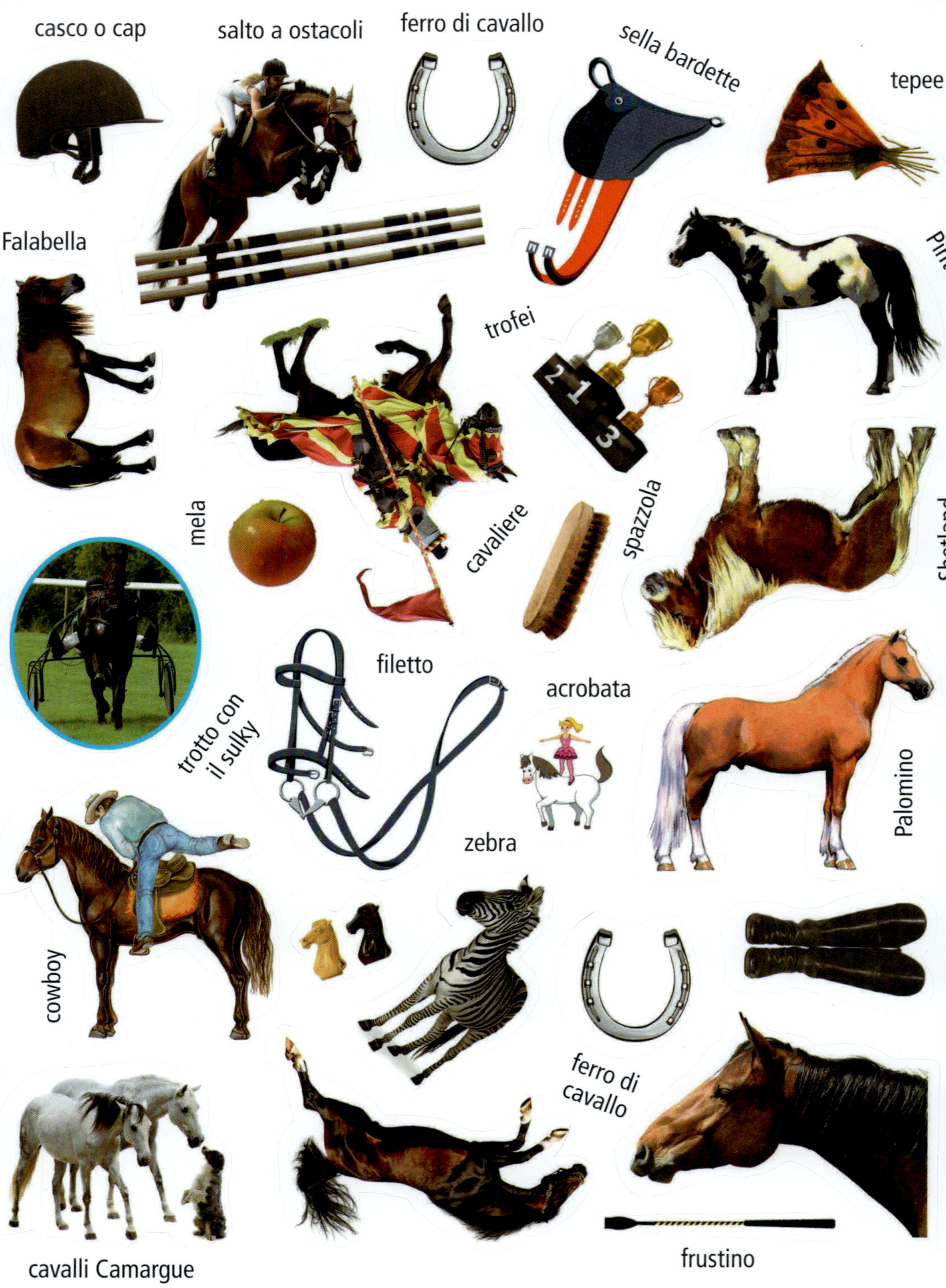
casco o cap
salto a ostacoli
ferro di cavallo
sella bardette
tepee
Falabella
Pinto
trofei
mela
cavaliere
spazzola
Shetland
filetto
acrobata
trotto con il sulky
Palomino
zebra
cowboy
ferro di cavallo
cavalli Camargue
frustino

Un'attrezzatura perfetta!

Il casco o cap

frustino

stivali da equitazione

La capezza permette di condurre il cavallo a mano o di legarlo con una longia.

La capezza non deve essere né troppo stretta né troppo larga... mi raccomando!

Le parti della CAPEZZA

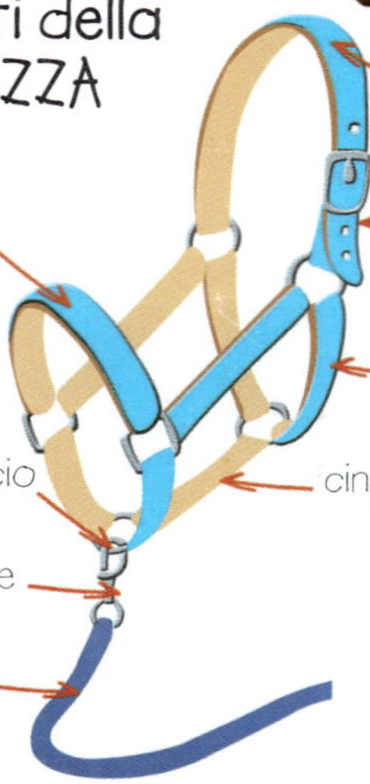

Il cavezzone ha un anello cui si attacca una longia per addestrare il cavallo.

Saper fare correttamente il nodo di aggancio è molto importante!

Il filetto deve essere messo con delicatezza, facendo attenzione a denti e orecchie.

Le parti del filetto

Il filetto è una sorta di briglia e permette di guidare il cavallo quando lo si monta.

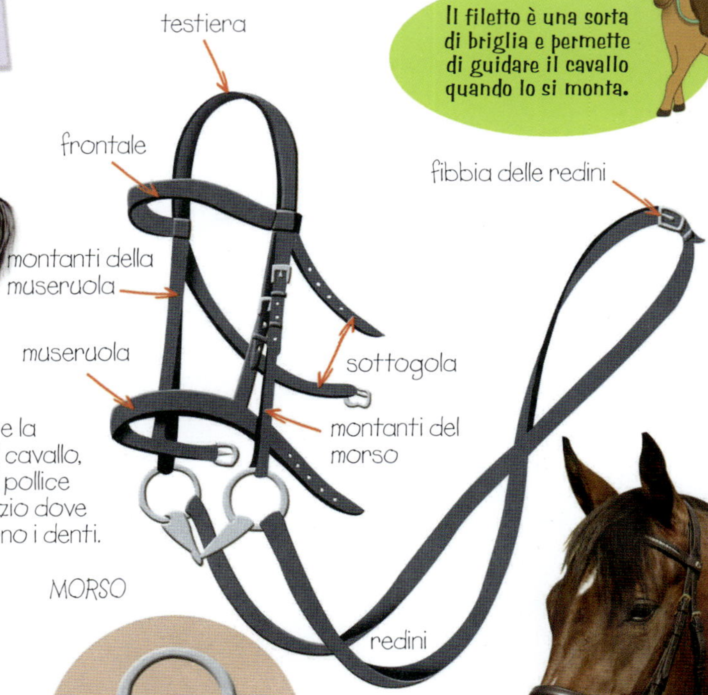

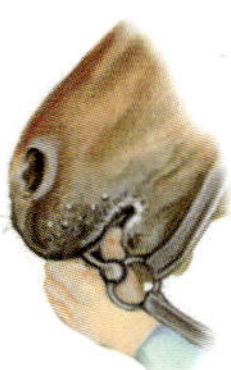

Per aprire la bocca al cavallo, inserire il pollice nello spazio dove non ci sono i denti.

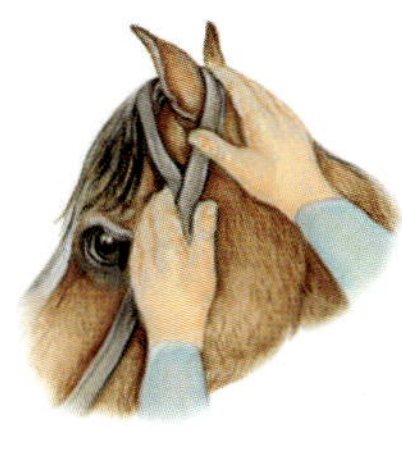

MORSO

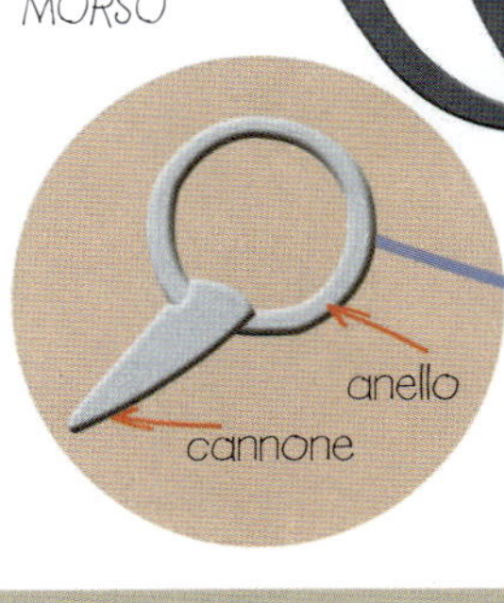

Le parti della BARDETTE

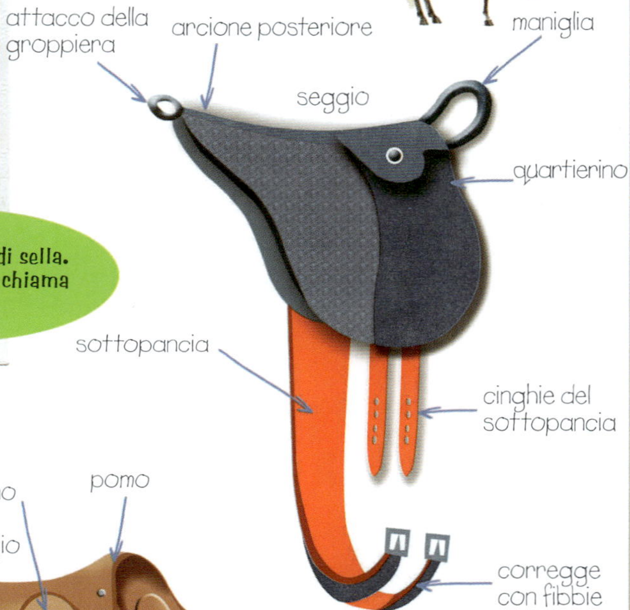

Le parti della sella

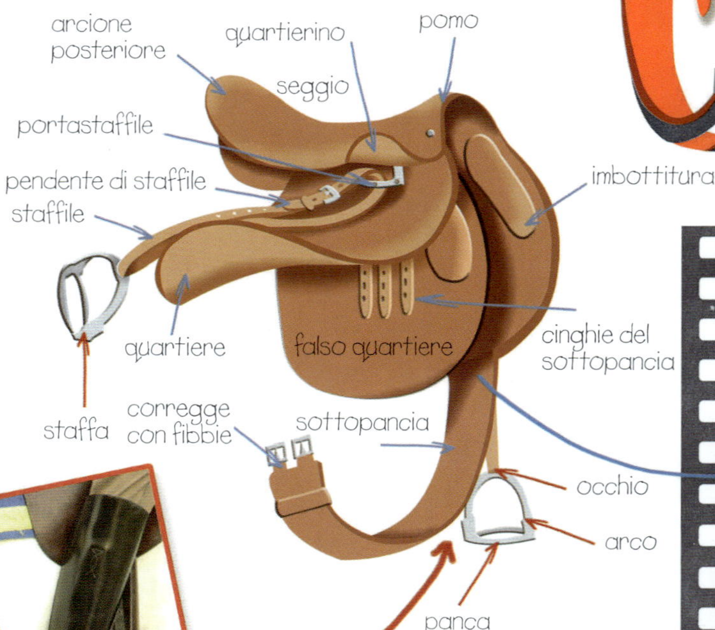

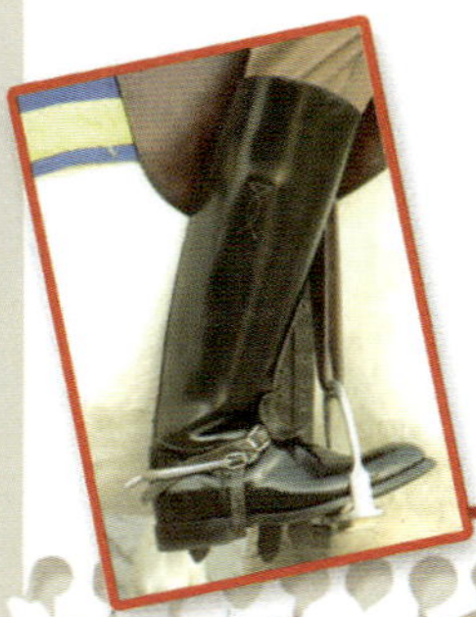

Le selle western sono piuttosto pesanti. L'estensione del pomo permette agli allevatori di bestiame di agganciarvi il lazo.

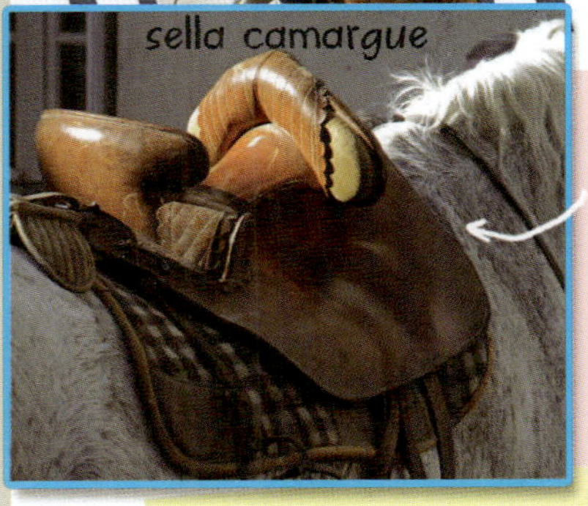
sella camargue

La sella camargue (o sella da lavoro) ha un grande pomo nella parte anteriore per appendervi delle sacche. Nella parte posteriore, speciali supporti danno sostegno al mandriano durante i lavori più pericolosi con i tori.

Questa sella permette di cavalcare tenendo entrambe le gambe sullo stesso lato.
È composta da una sola staffa attorno alla quale si avvolgono le gambe.

sella da amazzone

Sellare il cavallo in 5 mosse

1.

Posizionare il sottosella abbastanza in avanti sul garrese...

2.

...quindi appoggiare la sella.

3.

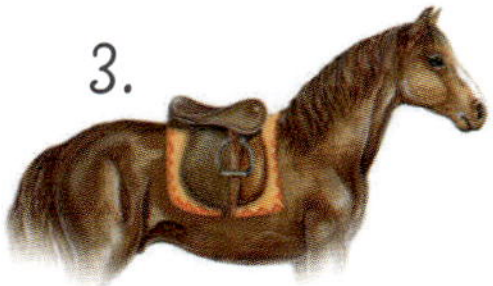

Portare il tutto all'indietro per lisciare il pelo.

4.

Sul lato destro, verificare che tutto sia in ordine. Stringere gradualmente il sottopancia.

5. Infine, far scivolare la mano sotto il sottosella e sollevarlo fino alla sella.

Tutti in sella!

Montare a cavallo in 4 mosse:

1. Prima di montare, regola le staffe in funzione...

...della lunghezza del tuo braccio.

2. Posizionati a sinistra, guarda verso la testa del cavallo e infila il piede sinistro nella staffa.

3. Con la gamba destra spingiti in alto fino a trovarti in piedi sulla staffa.

4. Ora passa la gamba destra al di sopra della groppa, senza toccarla, e siediti delicatamente sulla sella.

Con o senza sella, una buona elevazione è fondamentale per potersi appoggiare sulle braccia prima di portare la gamba sull'altro lato.

A volte, all'inizio, è necessario un aiutino...

Che vergogna!

La staffa deve avere la lunghezza giusta.

Bisogna sempre regolarla bene!

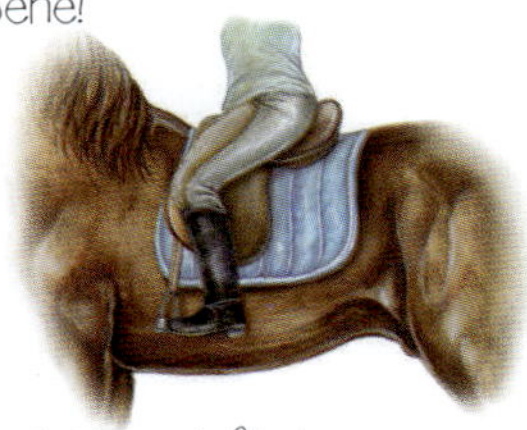

Il piede va infilato sempre dalla punta.

Il piede deve essere infilato nella staffa per 1/3 della propria lunghezza.

Una buona tenuta delle redini è importante in ogni situazione!

Come tenere correttamente le redini:

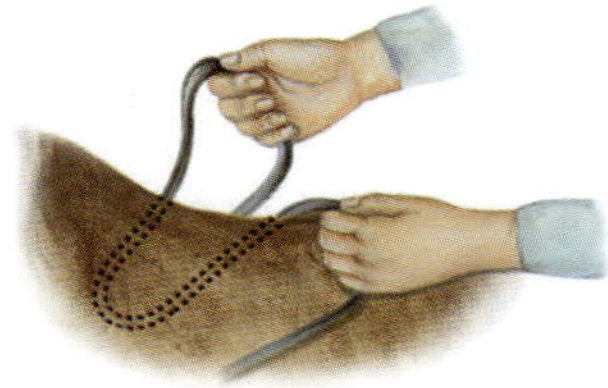

una redine in ciascuna mano

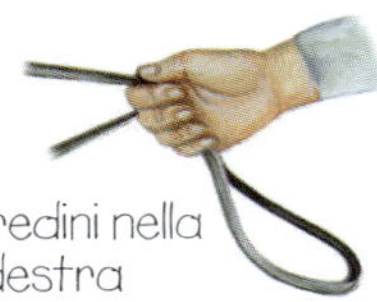

le due redini nella mano destra

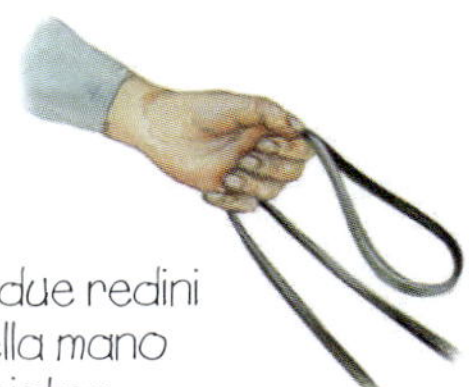

le due redini nella mano sinistra

Lo stesso vale per le redini delle renne!

A ognuno la sua andatura!

Il cavallo ha diverse andature: le tre che gli sono naturali sono il passo, il trotto e il galoppo.

Il passo è un'andatura camminata in quattro tempi.

velocità media di spostamento al passo: 7 Km/ora

Il passo: scomposizione dei quattro tempi

Il trotto è un'andatura saltata, simmetrica, in due tempi, per bipedi diagonali.

velocità media di spostamento al trotto: 14 km/ora

scomposizione del trotto

Il galoppo è un'andatura veloce e basculata in due tempi, per bipedi diagonali.

velocità media di spostamento al galoppo: 21 km/ora

Un cavallo può raggiungere punte di 60 km/orari.

scomposizione del galoppo (a destra)

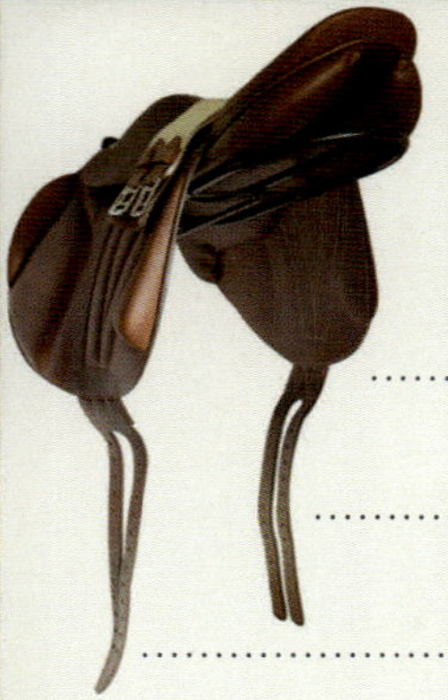

Parola di cavaliere:

Appunti sui termini tecnici che ho appreso, sui miei progressi nell'equitazione.

Un compagno insostituibile!

una gara di aratura

Non sono forse più bello di un trattore?

E sono anche più ecologico!

La transizione verso il trattore ha gradualmente portato alla scomparsa dei cavalli nel mondo agricolo europeo.

Per questo motivo, alcune razze da tiro hanno rischiato di scomparire!

Speriamo che la voglia di natura e di trascorrere il tempo libero all'aperto riportino in voga il Comtois, l'Ardennese e altri Percheron!

un cavallo attaccato a una carrozza

un numero di dressage al circo

Numeri circensi e spettacoli equestri hanno spesso come protagonista la "più bella conquista dell'uomo".

un rodeo

Ci sono paesi dove l'uomo non potrebbe vivere senza cavalli!

un gaucho nella pampa sudamericana

un cavaliere mongolo

Povero toro!

Nelle corride, il cavallo del picador ha gli occhi bendati ed è protetto da una gualdrappa.

TRE SCENE IMPROBABILI:

- un cowboy che raduna il bestiame a piedi...
- un mandriano della Camargue che cattura un toro correndo...
- un gendarme della polizia canadese a cavallo che va in bici...

Sono atleti magnifici!

Il primo club di polo è stato fondato nel 1859 dai britannici a Silchar, nell'Himalaya.

Nelle gare ippiche, il fantino indossa il berretto e la casacca con i colori della sua scuderia.

corsa in piano

Pare che il polo sia nato nelle corti dei re babilonesi, in Mesopotamia, nel 2500 a.C. Inizialmente era l'addestramento dei guerrieri più importanti. Oggi è uno sport molto diffuso in Gran Bretagna.

Sulla bandiera olimpica, i cerchi di diverso colore rappresentano l'universalità dei giochi.

Fino al 1952, soltanto i cavalieri maschi partecipavano alle gare di equitazione olimpiche.

Ora, invece, per le donne non ci sono più... ostacoli!

Le tre discipline olimpiche:

Salto

- Salto a ostacoli individuale
- Salto a ostacoli a squadre

Dressage

- Dressage individuale
- Dressage a squadre

Concorso completo

- Concorso completo individuale
- Concorso completo a squadre

Le corse in piano si effettuano al galoppo.

Le distanze della corsa variano dai 900 ai 4000 metri.

Il più delle volte, tuttavia, sono comprese tra i 1600 e i 2400 metri.

Nelle corse al trotto, il guidatore si chiama "driver" e il calessino trainato dal cavallo "sulky".

corsa al trotto

La parola all'esperto:

Appunti sui cavalli da lavoro, gli spettacoli equestri, le corse e le gare che ho visto, le scene più interessanti a cui ho assistito.

Una famiglia numerosa

l'onagro

l'asino selvatico della Somalia

I cavalli e i pony appartengono alla famiglia degli equidi, come zebre e asini. Tutti sono perissodattili, ovvero hanno un unico dito su ciascun arto.

la zebra

RISCHIO ESTINZIONE

Con quelle loro zampe a strisce, gli asini della Somalia hanno proprio un aspetto curioso! Come gli onagri (anche loro africani) e gli emioni asiatici, la loro specie è oggi a rischio di estinzione.

l'asino

GLI IBRIDI

Il mulo è l'incrocio tra una giumenta e un asino.

Il bardotto è l'incrocio tra un'asina e un cavallo.

Ci sono poi lo zebrallo, incrocio tra una zebra e una giumenta, e lo zony, il piccolo di un pony e una zebra.

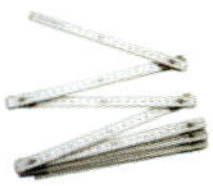

L'altezza di un cavallo si misura "al garrese" (dall'estremità dello zoccolo alla spalla). Un cavallo adulto che misura meno di 1,48 metri è un pony.

Io sono uno Shire, il più grande fra i cavalli!

Io sono una Falabella, il cavallo più piccolo del mondo.

PESANTI E FORTI

American Cream Draft

Origine: Stati Uniti
Altezza (al garrese): da 1,50 a 1,75 m

Con un peso che può superare la tonnellata, l'Ardennese, il Percheron francese e lo Shire inglese sono i discendenti dei cavalli da guerra del Medioevo.

Ardennese

Origine: Francia (dipartimento delle Ardenne)
Altezza (al garrese): da 1,55 a 1,65 m

Boulonnais

Origine: Francia (dipartimento del Passo di Calais e regione della Piccardia)
Altezza (al garrese): da 1,55 a 1,70 m

PESANTI E FORTI

Comtois

Origine: Francia
(regione Franca Contea)
Altezza (al garrese): fino a 1,60 m

Clydesdale

Origine: Scozia
(valle del Clyde)
Altezza (al garrese): da 1,62 a 1,72 m

Cob irlandese

Origine: Irlanda
Altezza (al garrese): fino a 1,50 m

Nivernese

Origine: Francia
(dipartimento della Nièvre)
Altezza (al garrese): da 1,65 a 1,80 m

Frisone

Origine: Francia
(regione del Perche)
Altezza (al garrese): da 1,55 a 1,75 m

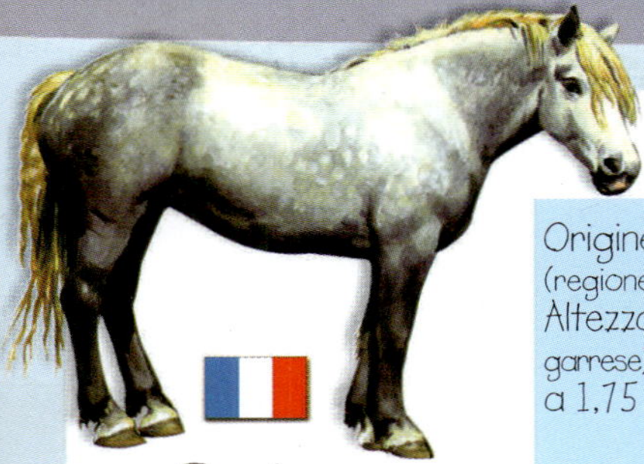

Percheron

Origine: Francia
(regione del Perche)
Altezza (al garrese): da 1,55 a 1,75 m

Bretone

Origine: Francia (regione della Bretagna)
Altezza (al garrese): da 1,55 a 1,65 m

Origine: Inghilterra
(contea dello Shire)
Altezza (al garrese): da 1,70 a 1,95 m!

Shire

1°
il più grande

I PONY

Connemara

Origine: Irlanda
(regione del Connemara)
Altezza (al garrese): da 1,30 a 1,48 m

Dales

Origine: Inghilterra
(monti Pennini)
Altezza (al garrese): 1,47 m al massimo

I PONY

Exmoor

Origine: Inghilterra (lande dell'Exmoor)
Altezza (al garrese): da 1,27 a 1,29 m

Fell

Origine: Inghilterra
Altezza (al garrese): da 1,32 a 1,42 m

Fjord

Origine: Norvegia
Altezza (al garrese): da 1,35 a 1,45 m

Haflinger

Origine: Austria (il Tirolo)
Altezza (al garrese): da 1,36 a 1,40 m

Origine: Scozia (montagne delle Highlands)
Altezza (al garrese): da 1,25 a 1,44 m

Highland

Islandese

Origine: Islanda
Altezza (al garrese): da 1,25 a 1,45 m

New Forest

Origine: Inghilterra (regione dello Hampshire)
Altezza (al garrese): da 1,20 a 1,48 m

Pottok

Origine: Francia (Paese Basco)
Altezza (al garrese): 1,32 m al massimo

Shetland

Origine: Scozia (isole Shetland)
Altezza (al garrese): da 90 a 1,07 m

Il pony più piccolo

Welsh

Origine: Galles
Altezza (al garrese): 1,22 m al massimo

CAVALLI DEL MONDO

Akhal-Teké

Origine: Turkmenistan
Altezza (al garrese): da 1,50 a 1,60 m

Antichissima razza originaria del Maghreb, il Berbero è il cavallo tradizionale dei nomadi berberi.

Berbero

Origine: Africa del Nord
Altezza (al garrese): da 1,50 a 1,60 m

Brumby

Origine:
Australia
Altezza (al garrese):
fino a 1,50 m

"Brumby" significa "selvaggio" in lingua aborigena.

Purosangue inglese

Origine:
Inghilterra
Altezza (al garrese):
da 1,50 a 1,70 m

Merens

Origine: Francia
(dipartimento dell'Ariège)
Altezza
(al garrese):
fino a 1,55 m

Purosangue arabo

Origine:
Medio Oriente
Altezza (al garrese):
fino a 1,60 m

Trakehner

Origine:
Germania
(ex provincia della Prussia orientale)
Altezza
(al garrese):
da 1,60 a 1,70 m

Trottatore americano

Origine: Stati Uniti
Altezza
(al garrese):
da 1,50 a 1,70 m

Trottatore francese

Origine:
Francia
(provincia della
Normandia) Altezza
(al garrese):
da 1,60 a 1,65 m

Alter-Real

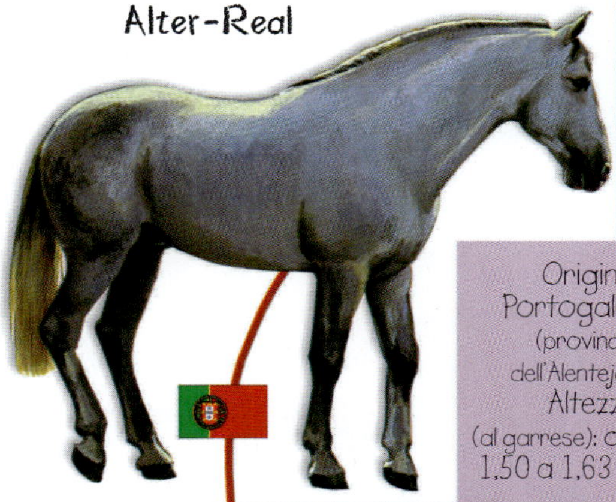

Origine:
Portogallo
(provincia
dell'Alentejo)
Altezza
(al garrese): da
1,50 a 1,63 m

Andaluso

Origine: Spagna
(regione dell'Andalusia)
Altezza (al garrese):
da 1,52 a 1,62 m

Appaloosa

Origine: Stati Uniti (territori del nord-ovest)
Altezza (al garrese): fino a 1,65 m

L'Appaloosa è strettamente legato alla storia della tribù dei Nez Percé. Deve il nome al fiume Palouse.

La bandiera della tribù amerindia dei Nez Percé.

Camargue

Origine: Francia (regione della Camargue)
Altezza (al garrese): fino a 1,50 m

Criollo

Origine: Argentina
Altezza (al garrese): fino a 1,53 m

Hackney

Origine: Gran Bretagna
Altezza (al garrese): da 1,50 a 1,57 m

Hannover

Origine: Germania (regione di Hannover)
Altezza (al garrese): da 1,56 a 1,72 m

Nel XVIII secolo, questo cavallo veniva usato dai cowboy per le corse di un quarto di miglio, da cui il nome Quarter Miler, poi trasformato in Quarter Horse.

Quarter horse

Origine: Stati Uniti (territori dell'ovest)
Altezza (al garrese): da 1,50 a 1,60 m

Origine: Austria (stazione di monta di Lipizza)
Altezza (al garrese): da 1,50 a 1,65 m

Lipizzano

Origine: Francia
Altezza (al garrese): da 1,55 a 1,65 m

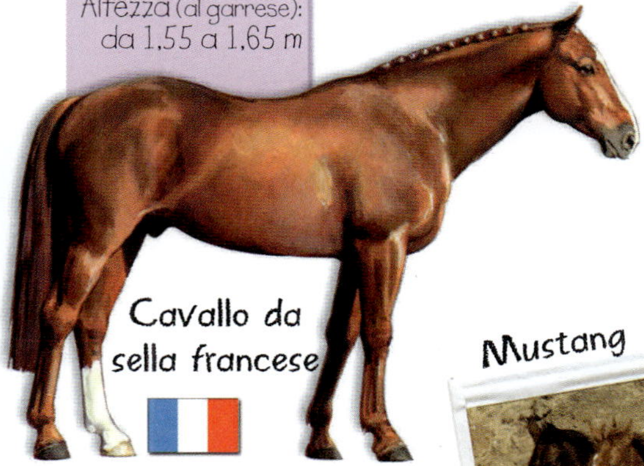

Cavallo da sella francese

Mustang

Origine: Stati Uniti e Canada
Altezza (al garrese): fino a 1,60 m

Un tempo cacciati per la carne, i mustang selvatici sono oggi protetti dalla legge.

Oldenburg

Origine: Germania
Altezza (al garrese): da 1,62 a 1,72 m

La parola all'esperto:

Appunti sulle razze che ho ammirato, le scene più belle a cui ho assistito, i disegni che ho realizzato osservando i cavalli.

Ludo, Pachisi, Parcheesi... tanti nomi per lo stesso gioco da tavolo di percorso, che esiste (dal 1936) in Francia anche in versione "equina"...

Gli scacchi sono comparsi nel sud dell'Europa nel X secolo. Il gioco nasce dallo chaturanga (gioco indiano del VI secolo).

Negli scacchi, i cavalieri (due per colore) sono gli unici che possono muoversi sugli altri pezzi.

IL FERRO DI CAVALLO È CONSIDERATO UN PORTAFORTUNA. **PERCHÉ**?

Esistono diverse ipotesi: eccone due.

Nel Medioevo, la stregoneria era un pensiero molto diffuso tra la gente. Si credeva che le streghe viaggiassero a bordo di scope volanti per timore dei cavalli! Ecco perché le donne accusate di stregoneria venivano seppellite in una bara sulla quale si inchiodava un ferro di cavallo. Questa pratica doveva impedire alla strega un'eventuale rinascita!

L'imperatore Nerone idolatrava i propri cavalli. Pare che li facesse addirittura ferrare con ferri in argento! Trovare un ferro era quindi una vera manna dal cielo e rivenderlo permetteva di ottenere un bel gruzzoletto di denaro!

Attenzione: Per portare fortuna, il ferro deve essere posizionato così:

QUIZ

Quali cavalieri hanno montato questi celebri destrieri?

A – Bullseye
B – Ronzinante
C – Jolly Jumper
D – Crin Blanc
E – Tornado
F – Piccolo Fulmine

RISPOSTE:
A: Woody
B: Don Chisciotte
C: Lucky Luke
D: Folco
E: Zorro
F: Yakari

ESPRESSIONI EQUINE

CONOSCI IL SIGNIFICATO DI QUESTI MODI DI DIRE?

ESSERE A CAVALLO
Essere a buon punto.

CAVALLO DI BATTAGLIA
Settore o attività in cui si riesce a mostrare le proprie qualità.

PARTIRE A CAVALLO E TORNARE A PIEDI
Dedicarsi a un grande progetto e vederlo fallire.

MATTO COME UN CAVALLO
Completamente pazzo.

DOSE DA CAVALLO
Una dose massiccia di qualcosa.

A BRIGLIA SCIOLTA
Senza freni.

AVERE IL PARAOCCHI
Non vedere o non voler vedere ciò che è evidente.

AVERE DENTI DA CAVALLO
Avere denti brutti e grossi.

FEBBRE DA CAVALLO
Avere la febbre altissima.

CORRERE LA CAVALLINA.
Vivere in modo spensierato e gaudente.

A CAVAL DONATO NON SI GUARDA IN BOCCA
Accettare ciò che viene regalato senza essere troppo schizzinosi.

NE ESISTONO TANTE ALTRE: DIVERTITI A TROVARLE!

RINGRAZIAMENTI

Gli Editori sono grati alle seguenti persone e organizzazioni per il permesso di riprodurre le loro opere.

Fotolia: copertina: sellingpix, Kseniya Abramova, roberaten, shutswis, amanitephoto, Viktoria Makarova, Sven Cramer, TERRI MOUNT, Stefano Neri, Eric Isselée, Taffi, img85h. guardie: Christa Eder. P 4-5: markop, rook76. P 6-7: lebanmax. P 8-9: byrdyak, siloto, GÈraldine Royer, JAG IMAGES, JAY, Viktoria Makarova, lefebvre_jonathan. P 10-11: byrdyak, Olga Itina, Kseniya Abramova, Dusan Kostic, Jinny, E. Spek, jeanma85. P 12-13: byrdyak, Aleksandr Lesik, Vanessa van Rensburg, Sergey Solomakhin, Christa Eder, Dominique VERNIER, Foto-Biene, jeanma85, motivjaegerin1, babsi_w, Caroline VERGNES, Edoma. P 14-15: byrdyak, girodjl, flamandco, Foto-Biene, Undine Aust, Michael Gray, Stephan Sühling, yves perelli, Dominique VERNIER, Dana Krimmling. P 16-17: byrdyak, Kseniya Abramova, cynoclub.
P 18-19: byrdyak, Mari_art. P 20-21: pascalcointe, Photofab, amanitephoto, Viktoria Makarova, lefebvre_jonathan, Maria Kondratjeva. P 22-23: rapha064, jeanma85, Caval'images, Witchcraft, Viktoria Makarova, majtas, Martina Berg, Jetta, Eric Isselée. P 24-25: Eric Isselée, Jules. P 26-27: Eric Isselée. P 28-29: Jessmine, Philcopain, Elenathewise, atoss, roger ashford, ijdema, Sven Cramer, Viktoria Makarova, valery121283, jirka1, Anastasya Sh., Springfield Gallery, Carola Schubbel. P 30-31: Jessmine, saras66, David Monjou, Maria Kondratjeva, Klaus Eppele, robootb, Jeffrey Banke, chris32m, mark smith, Marion TUBIANA, Terrance Emerson, niku16, Monkey Business, ivan kmit. P 32-33: Jessmine, Stefano Neri. P 34-35: shutswis, TERRI MOUNT, zuzule, Edoma, Christian Musat, CallallooAlexis, Foto-Biene. P 36-37: Virginie GEORGES, Eric Isselée, J-F Perigois, zuchero, Alfonso de Tom·s, catolla, Jeanne Hatch, Souchon Yves. P 38-39: byrdyak, Mike & Valerie Mille, lunamarina, cynoclub. P 40-41: byrdyak, neriene, Eric Isselée, Jeanette Dietl. P 44-45: byrdyak, Duncan Noakes. P 46-47: mikael lever, marc munari, jacques-philipp, Marco Desscouleurs, Guillaume Besnard, cynoclub, PascalR, thierry planche, Jean-Marie MAILLET, delkoo, Javier Castro, Margo Harrison.
P 48-49: mikael lever, Robert Young, fifranck, Mikhail Pogosov, Kseniya Abramova, lilufoto, olivd, agno_agnus, Shirley, Walter Luger, Dziurek. P 50-51: mikael lever, JAY. P 52-53: mikael lever, lilufoto. P 54-55: Daniel Mortell, Ruth Hallam, Eric Isselée, Taffi, goce risteski, hespasoft. P 56-57: sonia chatelain, Margo Harrison, stephaniecointe, mikael lever, CallallooAlexis, ssspablo. P 58-59: pauws99, CALLALLOO CANDCY, Mathias Weigand, Aleix Cortadellas, KD_65, Mein Name, Gail Johnson, regataFly. P 60-61: anakondasp, Neyak, Dotana. P 62-63: Nancy. Randy Harris.
P 64-65: Kseniya Abramova. P 66-67: jackmicro, jerome berquez, khz. P 68-69: Eric Isselée.

Shutterstock : copertina: Willierossin. P 37: Francisco Javier Alcerreca Gomez. P 47: sunsinger.

Grazie a Loane Vasner.